易中天中华经典故事 03

庄子故事

上海文艺出版社

易中天 著　　慕容引刀 绘

木匠的道理

庄子有点无厘头，他反对读经典。

且听他讲的故事。

某次，齐国的君主桓公在堂上读书，一个名叫轮扁的木匠在堂下干活。他见桓公手不释卷，就放下工具上前问道：主公读的是什么？

桓公说：都是圣人之言。

轮扁问：圣人还健在吗？

桓公答：已经死了。

轮扁说：那么主公读的不过是糟粕。

桓公勃然大怒。他说：国君读书也是你这木匠可以妄议的？讲不出道理来，寡人弄死你！

那木匠便开始讲他的道理。

轮扁说：比如小人做车轮，怎么用料怎么安装是可以教给徒弟的。但是怎样才能恰到好处，保证车子跑得又快又耐用，可就只能凭感觉，儿子都学不会，所以我七十岁了还得亲自动手。活人都教不了活人，死人的话又有什么用？

这个故事，记载在《庄子·天道》。

照这么说，经典是没有意义的？

然而庄子这故事却相当经典。

反对经典的成了经典，实在让人犯糊涂。那么请问，像《庄子》这样的书，究竟有意义呢，还是没有？我们是应该读呢，还是不读？

当然要读，只不过得会读。

会读就是不要纠结字面的意思，甚至未必需要弄清楚《庄子》在说什么，关键在于自己能够有所领悟。实在没有，听听故事就好。

那个老头可是很会讲故事。

主要人物

小天
读经典的

刀刀
听故事的

庄子
战国时期思想家

目 录

鱼的故事

/ 我的人生与你无关

桥下一条鱼，
沟里两条鱼。
大江大海里，
好多好多鱼。

它们到了陆地，
你也来帮我，
我也来帮你。

它们到了水里，
你不认识我，
我不认识你。

快乐的鱼

有一次，庄子在桥上看风景。

那天的天气应该很好吧？也许春暖花开，也许秋高气爽，风儿吹过脸颊就像亲吻，庄子的心情很不错。那时也没有工业污染，没有雾霾，河水想必很清澈，可以清楚地看见鱼在水里游。

魚之乐

于是庄子便说：你看那浪里白条，从从容容地游来游去，这就是鱼的快乐啊！

站在旁边的惠子却不同意。

惠子就是惠施，是庄子的朋友和论敌。在《庄子》这本书中，每次辩论他都是输家。

这次好像也一样。

惠子说：你又不是鱼，哪里知道鱼的快乐？

庄子说：你又不是我，哪里知道我不知道？

惠子说：我不是你，当然不可能知道你；你不是鱼，当然不会知道鱼。这不就都讲通了嘛！

庄子说：不对！你知道我知道鱼的快乐。你开始就问我哪里知道鱼的快乐，现在告诉你，我就是在这里，在这桥上和水里知道的。

那就先看看原文。

庄子与惠子游于濠梁之上。

庄子曰：儵鱼出游从容，是鱼之乐也。

惠子曰：子非鱼，安知鱼之乐？

庄子曰：子非我，安知我不知鱼之乐？

惠子曰：我非子，固不知子矣；子固非鱼也，子之不知鱼之乐，全矣。

庄子曰：请循其本。子曰"汝安知鱼乐"云者，既已知吾知之而问我，我知之濠上也。

——《庄子·秋水》

濠就是濠水，在安徽凤阳。儵读如舒，就是白条鱼。不对劲的地方是，安，怎么理解？

作为疑问词，它有两种解释。

有一种解释是"怎么，怎么可能"。比如《史记·陈涉世家》里的：燕雀安知鸿鹄之志哉！

翻译过来就是：

燕子和麻雀怎么可能知道鸿鹄的志向呢！

另一种解释是"哪里，什么地方"，比如《左传·僖公十四年》：皮之不存，毛将安傅？

翻译过来就是：

皮都没了，毛又能附着在什么地方呢？

很清楚，惠子问"子非鱼，安知鱼之乐"的准确意思是：你不是鱼，怎么可能知道鱼快乐？庄子却回答：你问我什么地方知道的？告诉你吧！鱼的快乐，我是从濠水之上知道的。

答非所问啊！

原来庄子偷换概念！

而且，庄子最早的回答是：子非我，安知我不知鱼之乐。翻译过来就是：如果我不是鱼，就不可能知道鱼快乐不快乐，那么，你不是我，请问你又怎么可能知道我不知道鱼的快乐？

这虽然有点绕，却在理。

但是到了后来，安的意思就从"怎么可能"变成了"什么地方"，这不是偷换概念吗？

当然是。

其实，这两人一开始就不在同一个频道。庄子说鱼之乐也，不过因为当时他自己很快乐，这才觉得那些鱼儿们也很快乐；自己很悠闲，便认为鱼也悠闲。实际上鱼是什么感觉，还真没人知道。

但，你不觉得这很有趣吗？

是的，因为这就叫**移情**。

移情，就是在面对一个事物时，不知不觉将

自己的情感移入对象。比如杜牧的《赠别二首》其二："蜡烛有心还惜别，替人垂泪到天明。"

恐怕谁都知道，蜡烛其实无心，也不会替人垂泪，却不会有人认为这诗有什么不对。情人眼里出西施，仇人眼里出钟馗。自己哭成了泪人儿，便看着蜡烛也像。这就是移情。

移情甚至可以是双向的，比方说辛弃疾的《贺新郎》：我见青山多妩媚，料青山见我应如是。

哈！青山也像人一样。

这是一种审美的态度。有此态度，则万物无不有灵，也无不有情，还无不有趣。

这样看，惠子反倒是煞风景的。

庄子也只好不跟他啰嗦。

但是庄子的强词夺理，却表明了他的态度：

我的人生与你无关。

所以，你就别问我怎么知道了。

反正，**人活着，要开心。开心就好。**

为什么开心，别问！

要问，也问你自己。

开心别问为什么！

路上的鱼

快乐的庄子其实麻烦多多。

最麻烦的是他没有钱。其实，庄子原本应该有钱的。他的名字叫周，全名庄周，当过宋国蒙地（今河南商丘）的漆园吏。不清楚这个漆园是地名还是园名，只知道没过多久他就不干了。

失去工作，当然也没有钱。

没钱，就只好住在贫民区。

这倒也罢了，麻烦的是他还经常没饭吃。这就不能只是看着鱼儿们乐，得想办法，办法恐怕是也只能去找有钱人借。有一次，庄子大概实在是饿得受不了啦，便走进侯爵府，向侯爵借米。

侯爵叫魏斯，其实就是战国七雄中魏国的开国国王魏文侯。魏斯当然有的是钱，但他清楚，庄周借米不就是老虎借猪吗？怎么可能还？

不过，那时的贵族，说话是很委婉的。

于是魏文侯说：好呀，寡人正好要收税。税金收上来以后，借给你三百，行吗？

庄子一听，鼻子都气歪了。

怒气值MAX！！！

当然，庄子说话，也是很委婉的。而且当时的礼节，是一般都不自称我，要说自己的名字。

于是，庄子便给魏斯讲了个故事。

他说——

庄周来府上时，走到半路听见有人呼叫。回过头去一看，原来是一条鱼困在了干沟里。庄周便对他说：小可怜的，你过来，告诉我怎么回事。

鱼说：先生，我本是东海之中随波逐流的小小臣民，现在不幸困在陆地上，眼看就要死了。先生能不能弄一小盆水来让我活下去？

庄周便说：可以，可以。鄙人正好要到南方去见吴王和越王。到时候，我让他们把西江的水都引过来救你，你看行吗？

鱼听了庄周这话，冷笑一声说：那就请先生到干鱼市场去找我吧！

这故事记载在《庄子·外物》，请看原文：

庄周家贫，故往贷粟于监河侯。监河侯曰："诺。我将得邑金，将贷子三百金，可乎？"庄周忿然作色曰："周昨来，有中道而呼者。周顾视车辙中，有鲋鱼焉。周问之曰：'鲋鱼来！子何为者邪？'对曰：'我，东海之波臣也。君岂有斗升之水而活我哉？'周曰：'诺。我且南游吴越之王，激西江之水而迎子，可乎？'鲋鱼忿然作色曰：'吾失我常与，我无所处。吾得斗升之水然活耳，君乃言此，曾不如早索我于枯鱼之肆！'"

注：鲋读如付，鲋鱼就是鲫鱼。

015

相爱的鱼

有两条鱼相爱了。

不过，是在面临死亡的时候。

那时不知为什么，泉眼干枯了，没有了源泉的河流也渐渐地变成了陆地。烈日当头，就连云彩都没有一片，可怜的鱼在绝望之中垂死挣扎。

鱼哥哥说：妹妹你要活下去！

鱼妹妹说：哥哥你要活下去！

于是，他们俩用尽最后的力气，把身上仅存的湿气和水分吹向对方，献给对方。

由此留下一个成语——**相濡以沫**。

庄子却说：唉，你们这个样子，还真不如在那浩瀚的江河湖泊之中，自由自在地游来游去，谁也不认识谁，谁也不用搭理谁、帮助谁啊！

所以，这就是庄子的观点——

相濡以沫，不若相忘于江湖。

庄子说的并不错。因为相濡以沫也好，见义勇为也罢，都有一个前提，那就是灾难。如果根本没有灾难，用不着相濡以沫、见义勇为，岂不更好？

可惜这很难。没有人祸也有天灾。何况江河湖泊里就当真很好吗？大鱼也会吃小鱼吧？

为什么庄子要这样说？请看原文——

> 夫鹄不日浴而白，乌不日黔而黑。黑白之朴不足以为辩，名誉之观不足以为广。泉涸，鱼相与处于陆，相呴以湿，相濡以沫，不若相忘于江湖。
>
> ——《庄子·天运》

鹄就是天鹅，乌就是乌鸦，黔就是染黑，涸就是干枯，呴读如许，就是吹气。

　　这段话的意思也很明白：天鹅不用天天洗澡也是白的，乌鸦不用天天涂墨也是黑的。黑和白都来自天然，用不着争辩胜负；名和誉都是身外之物，犯不着太当回事。困在陆地的鱼们相互用湿气呼吸，唾沫滋润，是因为泉眼干了，哪里比得上互不相识于江湖之中。

　　那才真是我的人生与你无关。

鸟的故事

/ 己所甚欲，也勿施于人

北海鲲鹏徐展翅，
南方凤凰正凌云。
树梢有个知更鸟，
半路有只猫头鹰。

猫头鹰在叫，
知更鸟在笑。
你问谁笑谁？
只有天知道。

吓坏了的鸟

一只海鸟飞到了鲁国的郊野。

鸟很大，单单头就有八尺高。

鲁国国君也是侯爵，却从来没有见过这样新奇好看的鸟，何况还是从海上飞来的。它那坚强的身躯一定穿过了风雨，它那明亮的羽毛一定洒满了阳光，它那展开的双翅一定担负着神圣的使命，要不然为什么不远万里来到鲁国呢？总之，鲁国国君对它喜欢疼爱得不得了，决定设国宴款待。

国宴设在庙堂，规格是太牢和《九韶》。

太牢就是至少有牛、有羊、有猪，三牲齐备的宴席。这些肉食放在鼎里，五谷杂粮则放在簋（读如鬼）里。鼎和簋都是青铜器，簋双数，鼎单数，周王（天子）九鼎八簋，公爵和侯爵七鼎六簋。

那只海鸟面前，就是这样琳琅满目。

《九韶》则是音乐，演奏乐器有编钟，还有合唱团伴唱，舞蹈队伴舞。这就叫**钟鸣鼎食**。

钟鸣鼎食啥意思？

讲排场呗。

然而怎么样呢？海鸟被吓死了。

这个故事，《庄子·至乐》是这样说的：

> 昔者海鸟止于鲁郊，鲁侯御而觞之于庙，奏《九韶》以为乐，具太牢以为膳。鸟乃眩视忧悲，不敢食一脔，不敢饮一杯，三日而死。

想想也是。又是音乐，又是舞蹈，又是从没见过的青铜器。海鸟不敢吃不敢喝，难怪死了。

庄子你怎么看？

他们也太不把鸟当鸟了。

哈，只听说把人当人，没听说过把鸟当鸟啊。

但在庄子这里，人和鸟是平等的，**一切生命都平等**。因此，是人就要当人，是鸟就要当鸟，是什么就要当什么，包括猪、牛、马，都一样。

这一点，后面还会讲到。

可是，把鸟当鸟，又该怎么当呢？

那就该让它住在森林中，飞进沙洲里，浮在水面上，吃泥鳅和小鱼，跟蛇在一起。

原文是——

夫以鸟养养鸟者，宜栖之深林，游之坛陆，浮之江湖，食之鳅鲦，随行列而止，委蛇而处。

把它当国宾招待，反倒不对。

用庄子的话说就是——

此以己养养鸟也，非以鸟养养鸟也。

己养，就是自己的生存方式。鸟养，则是鸟的生存方式。不要用"己养"来养鸟，就是不要按照自己的生存方式去安排鸟的生活。

对待鸟是这样，对待人呢？

当然更该如此。实际上，这里说的鸟，也可以理解为世上所有的生命，包括子女和学生。这里说的生存方式，也包括饮食习惯和审美趣味。

庄子的故事，本来就是讲给人听的。

一个深刻的道理，也蕴藏在这里了。

己所甚欲，也勿施于人。

庄子当然没有说过这句话。

这层意思是我们总结出来的。

不妨再看海鸟的故事。

实话实说，鲁国那位侯爵还真没坏心，太牢和《九韶》在他看来也确实是好东西。但他一片好意换来的是什么呢？自己心爱的海鸟被吓死了。

害人害己呀！

这就说明：

一、**个体和个体是不一样的**。你喜欢的，别人未必喜欢；你欣赏的，别人未必欣赏。所以，不要把自己的好恶强加于人，哪怕那是一只鸟。

二、**问题不在苦日子还是好日子，而在真实不真实，自由不自由**。所以，不但被强迫过苦日子是不对的，便是强迫过好日子，也不对。

三、真正爱鸟，真正为鸟好，那就应该把它放回大自然，让它去过自由自在的生活，哪怕你认为那很苦。同样，真正爱一个人，真正为他好，**就让他走自己的路，哪怕他会摔跟头**。

家长老师朋友们，能做到吗？

很难。

为什么难？

看了下一个故事就知道了。

走自己的路,
哪怕摔跟头

鱼变的鸟

北海有一种鱼，名字叫鲲。

鲲，不知有几千里长，看上去就像日本。

它变成鸟，就叫鹏。

鹏，也大得不得了，也不知有几千里长。

变成鹏以后，它从海上飞起来了。

那真是一种极为壮观的景象：原本无风三尺浪的海面忽然刮起龙卷风，旋转的气流直上九万里。鲲鹏就在这旋风中一跃而起，展开的翅膀就像从天顶垂到海面上的云。海上水波相激，浪花飞溅，高达三千里。就这样，鲲鹏将乘着六月的大风从北海飞往南海。

于是，鴳雀就笑起来了。

鴳读如宴。鴳雀就是鹦雀，读音一样，是一种生活在麦田里的小鸟。每到秋收的时候，它就会飞过来，叫起来，催着农民收麦子。

不知道鲲鹏飞过田野那天是不是秋收季节，总之鴳雀是看见它了。鴳雀说，唉，这家伙是要上哪儿去呀？你看我们，飞到树枝上就停下来，实在飞不上去就落到地面。像我们这样在蓬草和蒿草上面翱翔，不也很好吗？这家伙要干什么呀？

跟鹦雀一起嘲笑鲲鹏的，还有斑鸠和蝉。

鲲鹏却不理睬它们，只管飞自己的。

庄子管这，叫**逍遥游**。

这是一个常常被用来励志的故事。讲故事的人会说：我们应该学习鲲鹏，要有远大理想。不要像鹦雀那样，胸无大志，苟且于蓬蒿之间。

035

看了后面"树的故事"就会知道，庄子是绝不可能励志的。而且前面已经说过，一切生命都有自己的生存方式。人有人的，鸟有鸟的；鲲鹏有鲲鹏的，鴳雀有鴳雀的。谁都不比谁高明，谁都不比谁正确，我们又怎么能去嘲笑鴳雀？

理解为励志，是误读了庄子。

那么，庄子的本意是什么呢？

还是读一下原文吧！

不过，是节选。

北溟有鱼，其名为鲲。

鲲之大，不知其几千里也。

化而为鸟，其名为鹏。

鹏之背，不知其几千里也。

怒而飞，其翼若垂天之云。是鸟也，海运则将徙于南溟。南溟者，天池也。

鹏之徙于南溟也，水击三千里，抟（读如团）扶摇而上者九万里，去以六月息者也。

斥鴳笑之曰：彼且奚适也？我腾跃而上，不过数仞而下。翱翔蓬蒿之间，此亦飞之至也。而彼且奚适也？

此小大之辩也！

——《庄子·逍遥游》

很清楚，这是一个寓言。

寓言都有寓意，这个故事的寓意在哪里？

有两句话值得注意。

第一句是：此亦飞之至也。

这话是鴳雀说的，意思是：我腾空而起，几十尺就落下，这也是飞翔的最高境界呀！

我又不是鲲鹏，飞那么高干吗？

第二句是：此小大之辩也！

辩，就是辩论，辩论境界的标准。

不过，也有版本写成"辨"。

辨，就是辨别，辨别境界的高低。

一字之差，完全不同。

"辩"还是"辨"？
寓意就藏在细节之中。

那么，到底是辩论，还是辨别？

恐怕还得再讲故事。

这故事里面有鸟，还有别的。

躲藏的鸟

平时，森林里总是很美好。

这天也一样。鸟儿在枝头歌唱，麋鹿在草地上舞蹈，游鱼也探出了水面。但是突然，游鱼沉入了水底，鸟儿们躲藏起来，麋鹿跑得无影无踪。

怎么，老虎来了？

不，来了个美女。

美女也许叫毛嫱，也许叫丽姬，也许叫西施。

结果，鱼、鸟和麋鹿全都吓坏了。

于是就有了一个成语：**沉鱼落雁**。

没错，本义如此。只不过，后来有了"羞花闭月"这个词，沉鱼落雁才变成自愧不如。

但，这绝不是庄子的意思。

庄子的意思是什么呢？

表面上是说人和动物不一样。比如，人们都说住在湿地就会腰疼，请问泥鳅同意吗？都说住在树上就会害怕，请问猿猴同意吗？都说毛嫱和丽姬是世界上最漂亮的，鱼、鸟、麋鹿都吓跑了。

于是庄子说：

> 毛嫱丽姬，人之所美也，鱼见之深入，鸟见之高飞，麋鹿见之决骤，四者孰知天下之正色哉？
>
> ——《庄子·齐物论》

这当然还是寓言。寓言里的动物，其实也都是人。那么，庄子想要说的是什么呢？

立场不同，判断和判断标准也不同。

此话不假。法国就有民谚说，如果你去问雄蛤蟆什么是美，它一定回答是雌蛤蟆。这句话曾经被钱锺书先生用文言文这样译出——何谓美？询之以雄蛤蟆，必答曰：雌蛤蟆是！

什么是飞翔的最高境界，也一样。

所以，鷃雀说的并没错。因为腾空而起，几十尺便落下，这就是它飞翔的最高境界。你不能用鲲鹏的标准去衡量它，就像不能按照成年人的水平去要求孩子。最高境界，哪有统一尺寸？

庄子不会嘲笑鷃雀飞得不高。同样，他也不会要求弄清楚小和大有什么境界的区别。

庄子说，有个老头给猴子发橡子。老头问猴子，早上三个，晚上四个，行吗？结果猴子们都很愤怒，呲牙咧嘴说不干。老人便改口说，那就早上四个，晚上三个，猴子们都喊万岁。其实，朝四暮三和朝三暮四，还不都是一天七个？

庄子说：像这样想不通的，就叫**朝三暮四**。

原来"朝三暮四"的本义是"想不通"。

没错。

这故事跟沉鱼落雁一样，也在《庄子》的《齐物论》篇。齐物论是庄子最重要的思想。根据这个思想，**万事万物都是平等的，谁也不比谁高贵，谁也不比谁高明，**所以谁也不要去强迫干涉别人。

如果我们可以做什么，那就是把人当人，把鸟当鸟，鲲鹏当鲲鹏，鸒雀当鸒雀。

需要辨别高低贵贱吗？

不需要。

那么，最高境界有没有标准呢？

有，这个标准就是——

真实而自由地活着。

真实而自由地活着，就叫逍遥游。

按照这个标准，鲲鹏扶摇直上九万里固然是逍遥游，鷃雀们在蓬草间嬉戏难道就不是？

当然也是。

所以，不会是"辨"，只能是"辩"。

为什么是辩论？因为鷃雀嘲笑鲲鹏了：你飞那么高干什么？你飞那么远干什么？这就可笑。要知道，自然界每个物种的生存方式都是天赋的，谁都没有权力剥夺，没有资格嘲笑。如果谁偏要去嘲笑别人，最后被嘲笑的就是他自己。

所以，鲲鹏就没有嘲笑鷃雀。

为什么没有？

其实很简单，作为庄子寓言中要传达庄子思想的人物，它知道我的人生与你无关。根据同样的道理，鷃雀的人生也与它无关。所以，它并不跟鷃雀讨论什么是飞翔的最高境界，只管飞自己的。

因为鷃雀有鷃雀的境界，但不属于鲲鹏。

鲲鹏又为什么要嘲笑鴳雀?

你可以赞美鲲鹏,但不必嘲笑鴳雀。或者说,你可以嘲笑它的嘲笑,却不可以蔑视它的生存方式,嘲笑它飞得不高,没有远大理想。任何人都不能以己之长笑人之短,不能以一种自由嘲笑另一种自由,以一种真实嘲笑另一种真实。

同样,庄子的这个寓言,也绝不是什么励志的故事,而是关于**自由和平等**的故事。燕雀安知鸿鹄之志哉,这种思想是陈胜的,不是庄子的。你当然可以有鸿鹄之志,更可以有鲲鹏之志。但,己所甚欲也勿施于人,请不要强加于孩子,让他们真实而自由地活着,好吗?

凤凰和猫头鹰

庄子的寓言里还有一只鸟，叫鹓鹐。

鹓鹐（读如渊除），是凤凰的一种。

故事是讲给惠子听的，时间距离庄子向魏文侯借钱应该很久很久，惠子已经是魏国的丞相。魏国又叫梁国，国都在大梁，也就是今天的开封。此时的国王是魏文侯的孙子魏惠王，也叫梁惠王。

庄子决定去梁国看望惠子这位老朋友。

惠子听说了，却吓了一跳。他倒不是怕借钱，
而是有人对他说，此人是要来夺你的相位。于是，
惠子下令在城内搜捕庄子，一直搜查了三天三夜。

庄子却突然出现在他面前，这让惠子很尴尬。

庄子说：南方有种鸟叫鹓鶵，你知道吗？

惠子不说话。

庄子说：这种鸟儿，不是梧桐不栖，不是竹实
不食，不是甘泉不饮。它从南海飞往北海时，路上
遇到一只猫头鹰，嘴里叼了只死老鼠。猫头鹰在古

代也叫鸱枭。它看见鹓雏从头上飞过，以为抢饭碗的来了，就对着那凤凰大叫一声：吓！

吓读如褐，是恐吓和恫吓的声音。

这声音是鸱枭的，所以也叫"鸱吓"。

讲完这一声鸱吓，庄子便对惠子说：现在，老兄也要为了你那梁国来"吓"我吗？

惠子很狼狈。

这故事记载在《庄子·秋水》，原文如下：

惠子相梁，庄子往见之。或谓惠子曰："庄子来，欲代子相。"于是惠子恐，搜于国中三日三夜。庄子往见之，曰："南方有鸟，其名为鹓雏，子知之乎？夫鹓雏发于南海而飞于北海，非梧桐不止，非练实不食，非醴泉不饮。于是鸱得腐鼠，鹓雏过之，仰而视之曰：'吓！'今子欲以子之梁国而吓我邪？"

可惜，这也是被误读的故事。

人们都说，这里表现的是庄子的清高啊！

只是看起来是。你看那凤凰，不是梧桐不栖，不是竹实不食，不是甘泉不饮，岂不清高？再看看那猫头鹰吧，叼只死老鼠还怕别人抢，岂不猥琐？

但是，不对呀！

不符合**齐物论**的思想。

在《齐物论》里庄子曾经说，人类吃肉，麋鹿吃草，蜈蚣吃蛇脑，猫头鹰和乌鸦吃老鼠，不过都是各自的生存方式，没什么对不对的。那么，他还会认为猫头鹰嘴里叼只死老鼠有什么错吗？

不会吧！

没错，庄子是喜欢凤凰，但不等于他就蔑视猫头鹰，就像他喜欢鲲鹏却不蔑视鴳雀。所以，正如

鹓雏的问题不在飞得低，猫头鹰之错也不在腐鼠。

那在哪里？

猫头鹰太把嘴里的死老鼠当回事了。

不妨设想，如果那猫头鹰不是一声鸱吓，而是欣然邀请凤凰共进晚餐，会怎么样？邀请会被礼貌地谢绝，腐鼠依然归它独享，还不会被嘲笑。

聪明与愚蠢，真是一念之差。

不过这里说的施，是强加的意思。善意地邀请别人分享和共享，却一点问题都没有。关键仍然在于真实而自由。**真心诚意地发出邀请，是真实；接不接受由对方决定，是自由。**

这才是庄子主张的。

他当然也不会励志。

看看树的故事，就知道。

树的故事

/ 天生我材别有用

好一朵美丽的茉莉花，
好一个胖大的葫芦瓜。
好一棵没用的臭椿树，
疙疙瘩瘩满枝桠。

我把它，来砍下，
送给别的娃，
让你过家家。

好看的树

齐国有棵树。

一棵被尊为土地神的栎（读如丽）树。

那真是好大一棵树，树冠大得可以给数千头牛遮阴，树身粗得有上百尺，树枝有船那么粗，树尖高得接近山顶。前往观看的人，多得就像赶集。

天生我材……?

只有匠石不屑一顾。

匠石就是名叫石的木匠。当时他正带着徒弟前往齐国，路上看见了那棵树。徒弟们围着栎树看了又看，匠石却头也不回只管往前走。

徒弟们不明白。

他们问：自从弟子拿着斧头追随师傅，就没见过这么好看的树，为什么师傅看都不看一眼？

匠石说：那是**散木**。

散就是不成材。成材的树叫文木，不成材的叫散木。匠石已经看出，这散木什么都做不了。

匠石，你说我没有用？
你又知道什么？！

晚上，树来托梦。

树说：石师傅，你认为我没用？

匠石说：是的。

树说：呵呵，我要是有用，还能活到今天？

想想也是，早被木匠砍了。

这个故事，在《庄子·人间世》。

下面是原文，不过也是节选。

匠石之齐，至于曲辕，见栎社树。其大蔽数千牛，絜之百围，其高临山十仞而后有枝，其可以为舟者旁十数。观者如市。

匠石不顾，遂行不辍。

弟子厌观之，走及匠石，曰：自吾执斧斤以随夫子，未尝见材如此其美也。先生不肯视，行不辍，何邪？曰：散木也。是不材之木也，无所可用。

匠石归，栎社见梦曰：予求无所可用久矣！几死，乃今得之，为予大用。使予也而有用，且得有此大也邪？且也若与予也皆物也，奈何哉其相物也：而几死之散人，又恶知散木！

注：

之齐：前往齐国。

社树：当作社神也就是土地神的树。

厌观之：看了个够。

斧斤：斧头。

若与予：你和我。

而几死之散人：而，你。

恶：读如乌，怎么。

因此，这段话翻译过来就是：我追求没用已经很久了。好几次差点死掉，到今天总算安全。这就是我的大用。如果我有用，还能长这么大？何况你我都是物，为什么要管别人有没有用？再说你这快死的散人，哪里知道什么叫散木！

这就有点意思，不是没用才好吗？

那又为什么不承认自己是散木？

何况那栎树也不是真没有用。第二天，匠石把栎树托的梦告诉徒弟们，徒弟们就质疑说：它如果真想没有用，为什么要当社神呢？

匠石说：小声点，隔墙有耳！这哪里是栎树要当社神，是社神附体于它。再说了，它如果不是被当作了社神，弄不好还是会被砍掉。

但，为什么要说匠石是散人？

人，究竟应该成材，还是不成材？

那就再看两个故事。

你说我是有用还是没用？

大葫芦瓜

这个故事跟惠子有关。

事情应该发生在庄子讲完凤凰和猫头鹰的故事之后。惠子虽然被嘲讽了一番，倒没生气。那时中国人还没有学会喝茶，喝茶是东汉以后的事。惠子要招待庄子，多半是请他吃饭，喝点小酒。

酒过三巡，惠子又开始嘚瑟。

惠子说：魏王送给我一颗葫芦瓜种子。我种了下去，结果长出的葫芦能装六十斤米。这东西可没什么用。用它来盛水吧，皮薄盛不住；做瓢吧，要那么大的瓢干什么？我就把它砸了。

庄子说：你太不懂得"用"了。就不能用它做成腰舟，做成很大的船，躺在上面飘荡江湖？

这个故事，在《庄子·逍遥游》。

下面是原文，也是节选。

惠子谓庄子曰：魏王贻我大瓠之种，我树之成而实五石。以盛水浆，其坚不能

自举也。剖之以为瓢，则瓠落无所容。非
不呺然大也，吾为其无用而掊之。庄子曰：
夫子固拙于用大矣！何不虑以为大樽而浮
乎江湖。

注：

贻：读如宜，赠送。

瓠：读如户，葫芦瓜。

石：古代读如实，今天读如担，十二斤。

呺：读如肖，大而中空的样子。

虑：绳子。

樽：酒坛子。

有趣的是**瓠落**。这个词虽然来源于葫芦瓜的故
事，瓠却不读如户，要读如获，意思是空阔。

空荡荡的，后来就叫瓠落。

看来，一个东西如果又大又空，一般就会认为
没什么用。庄子却认为看你怎么做。当时，南方人
会用酒坛子绑在身上渡江渡湖，名叫腰舟，相当于
现在的救生圈。不过，能装六十斤米的大葫芦绑在
一起，就不是腰舟，简直可以躺在上面。

难怪庄子对惠子说：夫子固拙于用。

如果做成腰舟，又叫什么呢？

恐怕就叫：

天生我材别有用。

所以，最没用的，往往是最有用的。

关键在于你怎么看问题。

臭烘烘的树

惠子不服气，又讲樗（读如初）树。

樗就是臭椿。臭椿和香椿一样，都是无患子目植物，落叶乔木，但是不同科，臭椿苦木科，香椿楝（读如练）科。在中华文化中，香椿是父亲的代名词，叫椿庭；也是长寿的象征物，叫椿龄。

而且，香椿可以吃，炒鸡蛋尤其好。

臭椿的叶子揉碎了，却是臭烘烘的。惠子便对庄子讲：我有一棵大树，人们都管它叫臭椿。这棵树呀，主干木瘤太多不合绳墨，支干弯弯曲曲不合规矩。它长在路边，木匠们都不屑一顾。就像你的言论，大而无当，所以谁都不听你的。

庄子说：这还不好办？你把那棵树移栽到无人之乡，旷野之上，无所事事地在它旁边转圈圈，逍遥自在地在它下面睡大觉，不就行了吗？

咻~庄子总是不按常理出牌嘛。

这故事也在《逍遥游》。

原文如下，也是节选：

惠子谓庄子曰：吾有大树，人谓之樗。其大本臃肿而不中绳墨，其小枝卷曲而不中规矩。立之途，匠者不顾。今子之言，大而无用，众所同去也。

庄子曰：何不树之于无何有之乡，广莫之野，彷徨乎无为其侧，逍遥乎寝卧其下？

看来，庄子总是另有办法，另有想法，也总是不按牌理出牌。葫芦太大不能盛水，就做船；树长得歪歪扭扭不成材，就用来乘凉。**说我没用，是你不会用**。真正会用，天底下哪有没用的？

呐，我长了一个菜刀头，你说我有用还是没用呢？

这叫什么呢？就叫——

天生我材别有用；

也叫——

天生我材必有用；

更叫——

天生我材自有用；

还叫——

天生我材不怕没用。

这里，重要的是不怕没用。不怕没用，那就自由。自由，就怎么用都行，也就别有用。别有用就是自有用，也是必有用。必是必然，更是自由。

庄子就是这样。他可是连自己的学说有什么用都不在乎的，能不自由吗？

当然也不在乎被看作散木。

若为自由故，不怕做散木。

树的故事，意义就在这里。

庄先生，你真不在乎成不成材呀？

不在乎，就连叫什么名字都不在乎。

什么？

你管我叫牛，我就把自己叫作牛；你管我叫马，我就把自己叫作马。

啊？这个我得想想。

反正庄子不会励志。

农场的故事

/ 活出真性情

小猪不说话，
小牛不说话，
小马不说话，
乌龟也不说话。
农场的小动物，
全都不说话。

钓鱼的那位老人家，
默默地坐在了大树下。

沉默的猪

农场里，有只猪得了抑郁症。

这只猪原本是选出来要做牺牲的。牺牲就是祭祀的时候献给神祇和祖宗的食品。祇读如其，就是地神。地神叫祇，天神叫神，祖宗叫鬼。天神、地祇和人鬼，是古代祭祀的三大对象。

祭品有很多，其中肉食品叫牺牲。牺就是毛色纯正，牲就是肢体完整。可见要求很高。做牺牲的猪闹起情绪来，大家便都有点紧张。

这就要做思想工作。

于是，负责祭祀活动的官员，便衣冠楚楚地来到猪圈，对准备牺牲的猪说：猪啊猪，你又何必要怕死呢？从今天起，我会好好喂养你三个月。宰杀之前，我会十天上戒，三天作斋。你死后，身子下面会铺上洁白的茅草，前肩和后腿会庄重地放在最好的盘子里，上面还雕着花，你看怎么样？

猪不说话。

庄子说：如果真正替猪着想，那就应该把它留在圈里吃糟糠，不要讲什么雕花的盘子！

这个故事在《庄子·达生》，原文是：

祝宗人玄端以临牢筴说彘曰："汝奚恶死？吾将三月豢汝，十日戒，三日齐，藉白茅，加汝肩尻乎雕俎之上，则汝为之乎？"为彘谋，曰不如食以糠糟而错之牢筴之中，自为谋，则苟生有轩冕之尊，死得于豚楯之上、聚偻之中则为之。为彘谋则去之，自为谋则取之，所异彘者何也？

注：

玄端：黑色的礼服。

筴：木栏。

说彘：说，游说；彘读如治，猪。

豢：喂养。

齐：通"斋"，斋戒。

尻：读如考的第一声，臀部。

俎：读如组，祭祀时盛放祭品的礼器。

错：通"措"，放置。

豚楯：读如赚顺，带有纹饰的灵车。

聚偻：带有纹饰的棺材。

　　后面这段话很有意思。是啊，坐着高大漂亮的马车，躺进带有纹饰的灵车和棺材，不就是身子下面铺着白茅草，前肩后腿放进了花盘子吗？这又有什么可追求的，值得扭曲自己的天性，去做不想做的事情？这些人跟猪的区别，究竟在哪里呢？

听明白了，猪都不如。

悲剧啊！

孤独的牛

农场里做祭品的还有牛。

牛是最重要的牺牲品。牺牲这两个字，就都是牛字旁。祭祀或者宴请的时候，如果牛、羊、猪三牲齐全，甚至只要有牛，就叫太牢。没有牛，只有羊和猪，或仅有羊，叫少牢。

牢字，里面也有牛。

少牢没有牛，也叫牢。

可见，牛很重要，待遇也比猪高。庄子就曾经见过一头祭祀用的牛，身上穿着漂亮衣服，吃的是嫩草和大豆，叫刍叔（叔就是菽）。

庄子却很同情它。

某次，有人想聘请庄子到他们国家做官，庄子便说了这样一段话：

子见夫牺牛乎？衣以文绣，食以刍叔，及其牵而入太庙，虽欲为孤犊，其可得乎？

——《庄子·列御寇》

这段话翻译过来就是：先生见过那用来做牺牲的牛吗？披着绸缎，吃着好料。可是，等到它被牵入太庙，准备杀了来祭祀祖宗时，就算只想做一头孤独的小牛，还能够吗？

可，为什么是孤独？

也许，孤独比失去自由要好。

实际上，追求自由就得准备孤独。自由不是为所欲为，无法无天，而是服从内心。或者说，**自由是由自己做选择，也由自己去负责**。出了问题，不能指望别人来救助，甚至不能指望别人理解。

这也就是人们常说的：

自己选的路，跪着也走完。

但，谁会陪你跪着呢?

所以，真正自由的人，多半孤独。

庄子很清楚这一点。

不妨再讲一个故事，尽管未必在农场。

打滚的乌龟

有一天，庄子在河边钓鱼。

钓鱼的地方是濮水，在河南省濮阳县，跟他看鱼的濠水（安徽省凤阳县）不在同一处，心境可能也不一样。在濠水时，庄子是快乐的。这次却也许是又没饭吃了，还借不到米，只好钓鱼。

不过，他自己没说，我们也不清楚。

现在只知道，钓鱼的时候，客人来了。

客人是楚国的两位大夫。他们恭恭敬敬地站在庄子身后，客客气气地转达了楚威王的意思：寡人想把国境之内的事情麻烦先生！

很清楚，要请庄子当国相。

庄子没有直接回答两位远道而来的客人。他拿着钓竿继续钓鱼，头也不回地问：听说贵国有一只神龟，死了三千年。贵国大王宝贝得不得了，小心翼翼地放进竹箱中，珍藏在庙堂上，有这事吧？

两位大夫说：有。

庄子说：那么请问，作为一只乌龟，它是宁愿去死，留下骨头享受荣华富贵，还是宁愿活着，拖着尾巴在泥潭里打滚呢？

两位大夫心想：那还用问吗？

于是异口同声说，当然是后面那种。

庄子说：二位可以回去了，我会继续拖着尾巴在泥潭里打滚的。

故事记载在《庄子·秋水》，原文是：

庄子钓于濮水。楚王使大夫二人往先焉，曰："愿以境内累矣！"庄子持竿不顾，曰："吾闻楚有神龟，死已三千岁矣。王巾笥而藏之庙堂之上。此龟者，宁其死为留骨而贵乎？宁其生而曳尾于涂中乎？"二大夫曰："宁生而曳尾涂中。"庄子曰："往矣！吾将曳尾于涂中。"

这个故事并无新奇之处，就连是真是假也都很难说。尽管《史记》说他曾经拒绝过楚威王，但庄子这人怎么看都不像是可以做国务总理的。

　　不过，沉默的猪，孤独的牛，再加上拖着尾巴在泥潭里打滚的乌龟，就有点意思了。

　　什么意思呢？

离开草原的马

农场里感到郁闷的还有马。

郁闷是因为伯乐。这人据说会驯马，来了以后就集中进行训练。所有的马都被钉上了马掌，套上了缰绳，练习各种规定动作。结果，有的马进了仪仗队，有的参加了赛马会，有的还得了奖。

但是马不开心。

庄子说：马，它的蹄可以踏霜雪，它的毛可以御风寒。它生活在草原上，饿了就吃草，渴了就喝水，高兴了就撒欢。这就是马的真性情。可是来了个伯乐，又是钉马掌，又是套缰绳，马就死了三分之一。然后又训练它立正稍息齐步走，前面有马嚼勒住，后面有马鞭驱赶，这马就死一半了。

为什么？

既不真实又不自由。

剩下的马则会变坏，因为必须按照要求争取好的表现，才能存活下来。于是，接受训练的马不但学会了听指挥，还学会了看主人的脸色，揣摩主人的心思，城府之深简直可以做强盗。

这是谁的过错?

伯乐之罪。

草原上的马却不是这样。它们是真实的，也是自然的，更是率性的。相爱就交颈亲热，生气就分道扬镳，用不着处心积虑，更不必彼此防范。

于是庄子说：**此马之真性也**。

什么是真性?

真性就是天性,简单朴素而自然。如果违背这自然,就算名满天下,马也是郁闷的。相反,乌龟在泥潭里打滚,猪在圈里哼哼,是快乐的。所以庄子说,野鸡宁肯在田野里走十步吃一口食,走百步喝一口水,也不愿意关在笼中当什么鸡王。

后面这句话,在《庄子·养生主》。

也许,这就是庄子的人生态度:

活出真性情。

事实上,沉默的猪,孤独的牛,打滚的乌龟和离开草原的马,要讲的都是这个道理:**人最宝贵的是生命,生命的价值在于自由。**因此,最重要的是无拘无束活出自己的真性情。

那才无愧于人生。

活出真性情。

原野的故事

/ 人贵有自知之明

单足兽，多脚虫，
原野之上正呢哝。
螳螂的蝉，黄雀的梦，
炫技的猴子醉眼朦胧。

谁有用，谁没用？
落网的乌龟被挖空。
该有用，该没用？
迎面吹来凉爽的风。

单足兽与多脚虫

原野上，单足兽和多脚虫在聊天。

单足兽叫夔（读如魁），据说是形状像牛，但没有角，而且只有一条腿的怪兽。多脚虫叫蚿（读如咸）。它们纠结和争论的问题是：单足兽、多脚虫、蛇、风、眼睛、心，谁更值得羡慕或怜悯？

这事记载在《庄子·秋水》，原文是：

夔怜蚿，蚿怜蛇，蛇怜风，风怜目，目怜心。

怜，有两种解释。

一种是怜悯。也就是说，夔因为只用一条腿就能走路，便觉得蚿要用那么多脚，太麻烦了！蚿因为有脚可用，便觉得蛇只能用肚皮走路，太可怜了！蛇因为自己有身体，可以享受感官的快乐，便觉得风没有身体，太遗憾了！风因为自由自在，想上哪就能上哪，便觉得眼睛只能待在一个地方，太憋屈了！眼睛因为露在外面，什么都看得见，便觉得心脏藏在体内暗无天日，太窝囊了！

请问，究竟谁可怜？

好像都值得怜悯。

但也可以反过来说。因为"怜"这个字还有另一种解释：羡慕。

不妨设想它们之间的对话。

夔对蚿说：多脚虫呀多脚虫，你真是太让人羡慕了！我只有一条腿，你却有那么多。

蚿说：这有什么好羡慕的！你看那蛇，没有脚也能走路，才让人羡慕呢！

蛇说：这算什么！风连身体都没有，更加无拘无束，什么地方都能去，那才叫大自由！

风说：我倒是自由，可也什么都看不见。哪里比得上眼睛，什么都能看见！

目说：我露在外面，老被人盯着，一点隐私都没有。心脏多好，什么都不用看，又什么都知道。

请问，谁更值得羡慕？

其实读完全文，你会发现这个问题根本就没有标准答案，就连"怜"应该解释为羡慕还是怜悯也不可能有定论。所以唐代学者成玄英做注解，就把两种解释并列放在书上，由读者自己选择。

而且，心没说话。

是的，目怜心之后，并没有心怜什么。

心，为什么不说话？

看完下面的故事就明白了。

> 夔谓蚿曰："吾以一足趻踔而行，予无如矣。今子之使万足，独奈何？"
>
> 蚿曰："不然。子不见夫唾者乎？喷则大者如珠，小者如雾，杂而下者不可胜数也。今予动吾天机，而不知其所以然。"
>
> 蚿谓蛇曰："吾以众足行，而不及子之无足，何也？"
>
> 蛇曰："夫天机之所动，何可易邪？吾安用足哉！"
>
> 蛇谓风曰："予动吾脊胁而行，则有似也。今子蓬蓬然起于北海，蓬蓬然入于

南海，而似无有，何也？"

风曰："然。予蓬蓬然起于北海而入
于南海也，然而指我则胜我，鰌我亦胜我。
虽然，夫折大木，蜚大屋者，唯我能也，
故以众小不胜为大胜也。"

注：

趻踔：读如碜戳，跳着走。

鰌：通"遒"，本义迫蹙，引申为蹴踏、
钳制。

故事大概是这样的——

单足兽对多脚虫说：我用一条腿跳着走，事情
简单成这样，天底下没有别人。你却要用那么多的
脚走路，不累吗？你为什么偏要如此呢？

多脚虫说：不对！没谁故意这样。你没见过打
喷嚏吗？喷出来的水，大的像珠，小的像雾，形形
色色各不相同，难道是刻意安排？我的脚多，你的
腿少，也都是天生的，谁知道原因在哪里？

单足兽没有话说。

多脚虫又说：我倒是想请教蛇，我用那么多脚走路，却不如你这没腿的，这又是为什么？

蛇说：正如你刚才所说，天赋呀！

多脚虫也无话可说。

但是蛇却又去问风：我虽然不用脚，总归还要拱起脊背才能前进。这就还是有形的。你呢？忽地一下从北海起来，呼呼啦啦就到了南海，看起来却就像什么都没有，这又如何理解？

风说：是的。我确实是呼呼啦啦就从北海到了南海，却吹不断人类竖在风中的手指头，也吹不断他们站在风中的脚后跟，只能吹倒大树，掀翻那些大屋顶。我只能战胜大的，不能战胜小的。

太烧脑了，这都在说些什么？！

其实很简单。

首先，**世界上没有十全十美的事物**。风，能够吹倒大树，掀翻大屋顶，却吹不断风中的手指头和脚后跟。可见，**小有小的好处，大有大的难处**。

其次，寸有所长，尺有所短，**每个人都有长处和短处**。你的短处可能是别人的长处，你的长处也可能正好是别人的短处。所以，不要攀比。

第三，**短处和长处都是相对的**，很难说一条腿和很多腿谁更好。因此，**与其说优点、缺点，不如说特点**。特点无优劣，犯不着羡慕或怜悯。

第四，特点如果是天赋，是天生的，就不要去问为什么。每个人有每个人的活法。**重要的是活好自己，不要管人家怎么过**。

捕蝉的螳螂

原野上，有只螳螂在捕蝉。

螳螂专心致志，蝉则得意忘形。当时它们都在树阴里，浓密的树叶遮挡了阳光和视线。于是，蝉惬意地放声歌唱，没想到后面有螳螂。螳螂则离开树阴慢慢向蝉逼近，不知道树上来了只鸟。

只有庄子把这一切都看在眼里。

他最先看见的是鸟。这是一只喜鹊，从遥远的南方飞来。它的翅膀有七尺长，眼睛一寸大，所以在这个故事里被叫作异鹊。

庄子想：这是什么鸟呀！有翅膀不飞，有眼睛不看。于是，他撩起衣裳快步上前，举起弹弓准备射鸟。直到这时庄子才发现，异鹊不飞，是因为盯住了螳螂。螳螂不知道有鸟，是因为它正用一片树叶做遮阳伞，掩护自己去捕蝉。蝉呢？则因为舒舒服服待在树阴里，把什么都忘了。

这可真是触目惊心。

庄子也立刻警醒。他说，可不能贪心呀！**贪心就会有危险**。想害人的，也会被人害。于是他扔下弹弓掉头就走，却被看门人当作贼抓了起来。

想想真是何必！

这个故事在《庄子·山木》，原文是：

庄周游于雕陵之樊，睹一异鹊自南方来者，翼广七尺，目大运寸，感周之颡而集于栗林。庄周曰："此何鸟哉，翼殷不逝，目大不睹？"蹇裳躩步，执弹而留之。睹

一蝉，方得美荫而忘其身，螳螂执翳而搏之，见得而忘其形；异鹊从而利之，见利而忘其真。庄周怵然曰："噫！物固相累，二类相召也！"捐弹而反走，虞人逐而谇之。

注：

雕陵之樊：一个名叫雕陵的园子内。

颡：读如嗓，额头。

褰：通"褰"，读如牵，揭起。

躩：读如决，快走。

翳：读如议，羽毛做成的遮阳伞。

谇：读如岁，审讯。

由此留下了一个成语：**螳螂捕蝉，黄雀在后**。

但，不是异鹊吗？怎么是黄雀？

因为其他书里是黄雀，原文是：

园中有树，其上有蝉。蝉高居悲鸣饮露，不知螳螂在其后也。螳螂委身曲附欲取蝉，而不知黄雀在其傍（旁）也。

——西汉刘向《说苑》

螳螂翕心而进，志在有利，不知黄雀盈绿林，徘徊枝阴，微进，欲啄螳螂。

——东汉赵晔《吴越春秋》

意思都差不多吧?

后面两个差不多，都是说江湖险恶，简直防不胜防，也都是说不要贪图眼前利益，而忘记了还有后患。庄子却不是这个意思。被看门人盘问一番又释放之后，他自我批评说：

吾守形而忘身，观于浊水而迷于清渊。

翻译过来就是：我盯住别人，忘了自己，等于是只看见污水而迷失了清泉。

很清楚，清泉就是**本真**。

庄子讲这故事的用意则是：

守住本真，不要盯着别人。

可是，蝉在树阴里歌唱，难道不是它的本真？
蝉如果左顾右盼，回头看看，不就会发现螳螂了
吗？蝉是该本真地歌唱，还是看看人家呢？

这个我可答不上。也许，害人
之心不可有，防人之心不可无？

有了防人之心，
还是本真吗？

倒也是。不过，庄子还有一个
螳螂的故事，讲给你听。

有段故事在《庄子·人间世》，原文是：

汝不知夫螳螂乎？怒其臂以当车辙。
不知其不胜任也，是其才之美者也。

最后一句中的"是"，是动词，肯定的意思。
也就是说，螳螂由于肯定自己的能力，便去抵挡车
轮。但，这不是奋不顾身，而是自不量力。

留下的成语是：**螳臂当车**。

得出的结论是：

人贵有自知之明。

炫技的猴子

有一次，吴王渡过长江上了猴山。

国王出行，护驾的就不知有多少。猴子们哪里见过这种阵仗，全都吓得逃进了深林。只有一只老猴子仗着"艺高猴胆大"，不慌不忙地上蹿下跳于林间，向上山的吴王炫耀它的高超技艺。

吴王张弓搭箭，一箭射去。

老猴子一把接住。

吴王连射数箭。

老猴子也全都接住。

吴王大怒，命令手下人一齐射箭。

老猴子抱树而死。

这故事，在《庄子·徐无鬼》。但是故事的详情有些残忍，还是到此为止吧，也不呈现原文了。

然而，这个教训一定要吸取。

什么教训呢？

做人要低调，千万别炫耀。

落网的乌龟

一天晚上，宋国国王做了一个梦。

他梦见有个人披头散发站在门口，探头探脑地对他说：我是一名使者，来自宰路的深渊，代表清江出使黄河，但是大王的渔夫余且抓住了我。

国王醒来以后，问巫师这是什么梦。

巫师说：那人是一只神龟。

国王问：我国的渔夫，有叫作余且的吗？

手下人答：有。

国王说：叫他来见寡人。

第二天，余且来了。

国王问：你捕到了什么？

余且说：一只白乌龟，五尺长。

国王说：拿来给寡人。

余且就把乌龟献给了国王。

国王却纠结起来。他又想杀了那乌龟，又想养着它。思来想去，犹豫不决，便让巫师**占卜**。

那时占卜的办法，是在龟甲上钻眼，然后放进火里烧。烧的时候，会发出"扑扑"的声音，所以叫占卜。钻了眼的龟甲也会有裂纹，巫师便根据这裂纹来判断一件事是凶是吉。

　　于是巫师说：杀了它，就有龟甲占卜了。

　　结果神龟被杀。

　　国王拿那龟甲来占卜，没有一次不灵的。

　　呵呵，果然是神龟。

　　神龟却再也活不过来。

　　这故事在《庄子·外物》，原文是：

　　　宋元君夜半而梦人被发窥阿门，曰："予自宰路之渊，予为清江使河伯之所，渔者余且得予。"元君觉，使人占之，曰："此神龟也。"君曰："渔者有余且乎？"左右曰："有。"君曰："令余且会朝。"明日，余且朝，君曰："渔何得？"对曰："且之网得白龟焉，其圆五尺。"君曰："献若之龟。"龟至，君再欲杀之，再欲活之，心疑，卜之，曰："杀龟以卜吉。"乃刳龟，七十二钻而无遗策。

这乌龟也太倒霉了。

没错。但按照庄子的观点，这乌龟倒霉是因为有用。如果不是龟甲能用来占卜，说不定它还能够活下来。所以庄子说：

山木自寇也，膏火自煎也。桂可食，故伐之；漆可用，故割之。

——《庄子·人间世》

这段话的意思是：山上的树木被伐，灯里的油脂被烧，都是自找的。桂树的皮可以做香料，所以遭斧砍；漆树的汁可以做油漆，所以遭刀割。神龟也一样。由于龟甲能用来占卜，便被剖开挖空。

结果，事情就变成了这样：

不占卜，就不能决定神龟是死是活。

要占卜，又只能先杀了它。

这简直就是讽刺。

庄子想说明什么呢？

还得再看那故事。

庄子说，这乌龟确实神，活着的时候能够托梦给国王，死了以后用来占卜也算无遗策。但是怎么样呢？却算不出自己会死于非命。

自知之明，是不是很难？

就连神龟，认知能力也是有限的。

用庄子的话说就叫：

知有所困，神有所不及。

那该怎么办啊？

庄子的说法是：去小知而大知明。

小知就是小聪明，大知就是大智慧。

因此结论是：

要有大智慧，不要小聪明。

什么是小聪明？

庄子的说法是：人皆知有用之用，而莫知无用之用也。

什么是大智慧？

无用之用，是为大用。

不会叫的雁

有一次，庄子游山。

山上有棵大树，枝叶繁茂。但，尽管伐木工人就在旁边，却谁也不动它。庄子问为什么，得到的回答是：这棵树不成材，没什么用。

于是庄子说：难怪此树能够终其天年啊！

下山以后，庄子住到了朋友家。

朋友很高兴，吩咐仆人杀只雁招待他。

仆人问：杀那只会叫的，还是不会叫的？

朋友说：不会叫的。

第二天，学生问庄子：山上那棵树，由于没有用而活到今天；现在这只雁，又由于没有用而一命呜呼。那么请问，究竟该有用呢，还是没用？好像都不对。如此两难，先生又将何以自处？

庄子大笑说：那就有用无用之间吧！

这故事在《庄子·山木》，原文是：

> 庄子行于山中，见大木枝叶盛茂，伐木者止其旁而不取也。问其故，曰："无所可用。"
>
> 庄子曰："此木以不材得终其天年。"夫子出于山，舍于故人之家。故人喜，命竖子杀雁而烹之。
>
> 竖子请曰："其一能鸣，其一不能鸣，请奚杀？"
>
> 主人曰："杀不能鸣者。"
>
> 明日，弟子问于庄子曰："昨日山中

之木，以不材得终其天年，今主人之雁，
以不材死；先生将何处？"

庄子笑曰："周将处乎材与不材之间。"

接下来，庄子说了这样一句话：材与不材之
间，似之而非也，故未免于累。

意思也很清楚：游走于有用无用之间，看起来
聪明伶俐，其实是小聪明。道理很简单，且不说能
不能做到处于材与不材之间，就算做得到，那二者
之间的分寸尺度便会让你伤透脑筋，甚至成为新的
问题。结果是什么呢？仍然摆脱不了困境。

所以，答案不是有用，不是没用，不是既有用
又没用，也不是有用和无用之间，而是：**根本就不
要去想有用没用。**

别去想钓鱼有没有用，
鱼什么时候上钩是鱼的事。

为什么要想呢?

你看濠水里的那些鱼,想过吗?

还有草原上的马,想过吗?

不想就自由,就本真,想了反倒坏事。这里也有一个多脚虫的故事,但不是庄子讲的。

某天,一只麻雀遇到了多脚虫。麻雀因为自己只有两条腿,自惭形秽,心生嫉妒,便不怀好意地去问多脚虫:尊敬的多脚虫先生,当你第一条腿抬起来的时候,第四十九条腿在干什么呢?

多脚虫歪着脑袋想了又想,答不上来。

结果是什么呢?

多脚虫不会走路了。

先迈左脚还是右脚?

你看，有些问题是不是不要去想？

但，不想问题也不行。人为万物之灵，思考是他天赋的权利。如果浑浑噩噩稀里糊涂，整天只知道吃了睡，睡了吃，跟猪有什么两样？

那该如何理解？

有些问题不要想。

并非所有问题都能想得清楚。

思考只是认识世界的途径之一，不是唯一。

那么，还有什么途径呢？

感悟。

用什么去感悟？

用心！

你看前面那个故事里，单足兽和多脚虫，还有蛇和风什么的，都说个没完，唯独心不说话。为什么呢？现在可以告诉你了，因为心有大智慧，其他的都只有小聪明。

这话怎么讲?

有两点。第一，单足兽和多脚虫它们，还有那只老猴子，都很在意有用没用，也很在意有什么没什么，所以要么羡慕，要么怜悯，要么炫耀。相比之下，任人评说的心是不是更智慧?

牛顿被砸中了脑袋，还是被砸中了心?

第二，**聪明过脑，智慧走心**。这就是聪明与智慧的区别。过脑就是思考，思考要借助语言，所以单足兽它们喋喋不休。走心则是感悟，依靠的是直觉，只需要心领神会，所以心默默无语。

道的故事

/ 独与天地精神往来

痴人说梦梦痴人，
河神居然见海神。
望洋兴叹欲断魂。

去无踪也来无影，
大宇宙变小品文。
芝麻芝麻快开门！

梦中的蝴蝶

有一次，庄子梦见自己变成了蝴蝶。

那是一只多么可爱的蝴蝶呀！翻动着小翅膀在花丛里飞呀飞，完全忘了自己是庄周。突然一下醒过来，却发现自己还是庄周。这就真不知道是庄周做梦变成了蝴蝶，还是蝴蝶做梦变成了庄周。

这个故事在《庄子·齐物论》，原文是：

> 昔者庄周梦为胡蝶，栩栩然胡蝶也，自喻适志与！不知周也。俄然觉，则蘧蘧然周也。不知周之梦为胡蝶与，胡蝶之梦为周与？

在《庄子》这本书中，这段话的文学性是非常强的，完全可以看作文笔优美的微型小说。胡蝶当然就是蝴蝶，栩栩（读如许）是欣然自得，蘧蘧（读如渠）则是惊醒诧异。梦见自己变成蝴蝶时，就像真是蝴蝶。那份惬意，只能叫"栩栩然"。醒来以后发现自己不是蝴蝶，那种无法言传的若有所失，也只用"蘧蘧然"三个字就尽收笔下。

不是痴人才说梦吗？

庄子是梦说痴人。

庄子说，做梦的人，梦里喝酒，醒来哭；梦里哭泣，醒来以后又高高兴兴去打猎。当他在梦中的时候，并不知道自己在做梦。有时候，人们还会边做梦边思考：我为什么会做这样一个梦？这个梦是什么意思啊？等到醒来，才知道这些都是梦。

就连我说你做梦，也是梦。

这段话，也在《齐物论》，原文的节选是：

梦饮酒者，旦而哭泣；梦哭泣者，旦而田猎。方其梦也，不知其梦也。梦之中又占其梦焉。觉而后知其梦也。且有大觉而后知此其大梦也。

予谓女（汝）梦，亦梦也。

确实，就像薛定谔的猫。

薛定谔的猫（Schrödinger's Cat）是奥地利物理学家埃尔温·薛定谔的思想实验，也就是只能想象的实验。他曾设想，密室里有一只猫、原子核和毒气装置。原子核一旦衰变，放射出的阿尔法粒子就会启动毒气装置，猫也就会死。问题是，我们只知道原子核会衰变，却不知道什么时候衰变。衰变可能是分分钟的事。也就是说，猫的死活各占百分之五十的概率，一半对一半。

那么请问，现在它是死是活？

到底是死是活呢？
好紧张……

　　好吧，那就把毒气装置换成喷水装置。原子核衰变，阿尔法粒子启动喷水装置，干猫就会变成湿猫，概率仍然各占百分之五十。那么请问，在随机取样的任意时刻，它是干的还是湿的？

　　猫既是干的，也是湿的。

　　那么现在请问：是庄周做梦变成了蝴蝶，还是蝴蝶做梦变成了庄周？

当然是庄子做梦变成了蝴蝶。

这样说，仅仅因为我们是人。如果这故事是一只蝴蝶讲给一群蝴蝶听，想想看会得出什么结论？恐怕是蝴蝶做梦变成了庄子。

这不可能。蝴蝶不做梦。

你不是蝴蝶，怎么知道它不做梦？

当然。前面讲过的，庄子不过移情罢了，就像他说那些鱼很快乐。

不。快不快乐是心理状态，蝴蝶故事说的却是存在方式。我们知道，在微观世界里，一个电子可以既在A点又在B点，这在量子力学中就叫作叠加态。如果把庄子的梦设想为电子，那么它不就既可以在庄子头脑里，又可以在蝴蝶头脑里吗？

事实上，庄子是诗人也是哲学家，或者说诗人哲学家。不过在人类智慧的最高境界，诗和哲学跟物理学其实是相通的，就像音乐与数学。因为在那个层面，日常的思维方式已经不起作用，只能靠心去感悟。一根筋认死理的，都是痴人。

原野的风

原野里有风。

大风起于无形之中，庄子把它看作世上最宏伟也最美妙的音乐。他说：那天地之间喷将出来的大气流，就叫作风啊！这风不吹则已，吹起来就万管齐鸣。你难道没有听过长风的声音吗？那群山千岩万壑，大树百孔千疮，孔穴有的像鼻子，有的像嘴巴，有的像耳朵，有的像柱头的方孔，有的像牛羊的圈栏，有的像舂米的石臼，有的像深池，有的像浅坑。风从这些孔穴穿过，发出的声音有的像飞流直下，有的像箭在飞行，有的像大声呵斥，有的像轻轻呼吸，有的像厉声尖叫，有的像号啕大哭，有的像发自深谷，有的像发自怨妇。前面吹着，后面跟着；前面唱着，后面和着。如果是微风，就轻轻地哼；如果是狂风，就高声地唱。

可是，只要风在刹那间停下，就万籁俱寂，一点声音都没有了。这个时候，你就去看看那些树呀草呀叶子吧，大的也好，小的也罢，不都还在那里翩然起舞，尽情摇摆吗？

这段话在《齐物论》，原文是：

夫大块噫气，其名为风。是唯无作，作则万窍怒呺，而独不闻之翏翏乎？山林之畏佳，大木百围之窍穴，似鼻，似口，似耳，似枅，似圈，似臼，似洼者，似污者；激者，謞者，叱者，吸者，叫者，譹者，实者，咬者，前者唱于而随者唱喁。泠风则小和，飘风则大和，厉风济则众窍为虚。独不见之调调之刀刀乎？

注：

大块：旧注或以为是天，或以为是地，或以为是无，或以为是造物主，这里不讨论。

呺：读如豪，吼叫。

而独不闻之翏翏乎：而，尔；翏翏，长风之声。

畏佳：应为畏隹，读如崔，即崔嵬。

枅：读如鸡，又读如间，柱头横木。

謞：读如笑，箭在空中飞行的声音。

譹：读如豪，同"嚎"，号哭。

宎：读如腰，又读如咬，还读如要，风进入孔窍后发出的深沉的声音。

喁：读如于，应和的声音。

泠：读如零，泠风即小风。

河神、海神和宇宙

每到秋天，黄河上游就会下雨。

大雨滂沱，灌满水的大小川流汇入黄河，黄河之水变得非常之大。站在岸边和水中的沙洲上隔水相望，已经分不清对面的牲口是牛是马。

黄河之神欣然自得。

在他看来，天下之美都在自己这里了。

于是，这位名叫河伯的黄河之神，便顺着河流往东来到北海，却发现北海之水浩渺无边，远远望去不见际涯，根本就不是黄河可以比的。

河伯目瞪口呆。他一改自鸣得意的态度，眺望大洋，对海神北海若发出感叹：

俗话说，知道得多了就以为谁都不如自己，说的就是我这种人吧！

今天才知道什么叫难以穷尽。如果没到您的门口，那可就危险了。我将会永远被得道之人嘲笑呀！

这故事在《秋水》，原文的节选是：

秋水时至，百川灌河，泾流之大，两涘渚崖之间，不辨牛马。于是焉河伯欣然自喜，以天下之美为尽在己。顺流而东行，至于北海，东面而视，不见水端。于是焉河伯始旋其面目，望洋向若而叹曰：野语有之曰，闻道百以为莫己若者，我之谓也。今我睹子之难穷也，吾非至于子之门则殆矣，吾长见笑于大方之家。

望洋兴叹

北海若告诉黄河伯：天下之水莫大于海。海纳百川，却从来就没有装满过。同样，也从来就没干枯过。由于大，海不知道春夏秋冬，也不知道旱灾水灾，这是江河湖泊永远都无法企及的。

但是，北海若又说，与天地相比，我们北海就像山上的小树小石头。我只知道自己渺小，哪里还敢自大？算算看吧，四海之于天地，不过沼泽地里一个小细孔；中国之于天下，不过大粮仓里一颗小米粒。世上物种数以万计，人只是其中之一。人之所处，也不过宜居之地。与天地万物相比，岂非马身上的毫毛？至于五帝的禅让，三王的纷争，儒家的忧患，墨家的操劳，也都不过如此。

现在来看看原文：

> 吾在于天地之间，犹小石小木之在大山也，方存乎见少，又奚以自多？计四海之在天地之间也，不似礨空之在大泽乎？计中国之在海内，不似稊米之在大仓乎？号物之数谓之万，人处一焉。人卒九州，谷食之所生，舟车之所通，人处一焉。此其比万物也，不似毫末之在于马体乎？五帝之所连，三王之所争，仁人之所忧，任士之所劳，尽此矣！

听了北海若的话，黄河伯怎么说？

黄河伯说：以天地为大，毫末为小，行吗？

北海若说：也不行。因为世间万物，数量不可穷尽，时间没有休止，分野变动不居，也不知道那起点和终点在哪里。那么请问，你又怎么能够断定毫末就是最小的，天地就是最大的？

原文是：

量无穷，时无止，分无常，始终无故。

由此观之，又何以知毫末之足以定至细之倪，又何以知天地之足以穷至大之域？

这是很了不起的认识。物理学告诉我们，不要说毫末，就连原子核（atomic nucleus）也都并非最小。至于天地，如果是指地球或太阳系，当然也不是最大的。我们能够知道的最大，是**宇宙**。

那么，庄子不会说宇宙吧？

哈哈，还真说了，不过说法比较特别：

有实而无乎处者，宇也；

有长而无本剽者，宙也。

——《庄子·庚桑楚》

这里面，实是实体，处是地方，长是时长，本是起点，剽是终点。这句话的意思是：有实体却没有来去就叫宇，有过程却没有始终就叫宙。

很显然，宇指空间，宙指时间。所以，中国人在很长一段时间内，便称四方上下为宇，往古来今为宙。后来，佛教传入中国，又按照《楞严经》的说法，把过去、现在和未来称为世，四面八方和上下称为界，合称世界。不过在现代汉语，世界主要指全球和人类社会，地球和地球之外叫宇宙。

庄子的宇宙是哪种意义的呢？

哲学的，但接近物理学，特点是：

> 出无本，入无窍，有实而无乎处，有
> 长而无乎本剽，有所出而无窍者有实。

也就是说，宇宙不知道从哪里来，也不知道到哪里去，所以说有实体却没有来去。在空间上没有来的地方和去的地方，在时间上也就不可能有开始和结束，所以说有过程却没有始终。不过，宇宙既然实实在在地存在，那就应该有来处，只是没有或不知道去处，这就叫：有所出而无窍者有实。

这很有趣。

实际上，庄子的宇宙观至少曾经部分是人类的共识。在20世纪中叶以前，世界上大多数科学家都认为，宇宙没有历史，它始终存在着。直到美国天文学家埃德温·哈勃（Edwin Hubble）发现大多数遥远的星系一直在离我们而去，而且距离地球越远后退的速度也越大，这个观念才发生变化。

那么，如果宇宙在膨胀，它原来一定很小很小，而且有膨胀开始的时间点。

新的理论诞生了。

现在我们知道，宇宙大约开始于距今138亿年前，刚刚出现时非常微小，但温度极高。这就至少解决了庄子所说"本"的问题。当然，如果你相信并认同**宇宙大爆炸**（Big Bang）理论的话。

然而这似乎并没有让人欣喜。美国理论物理学家史蒂芬·温伯格（Steven Weinberg）便在他著名的《宇宙最初三分钟》中不无沮丧地说：宇宙越是被人理解，就越是显得没有意义。更早一些，美国作家马克·吐温（Mark Twain）也在《世界是为人类而造的吗》一文中说，如果将宇宙的历史看作埃菲尔铁塔，那么人类历史则不过是顶端那层薄薄的油漆。可以肯定，它绝不是建塔的目的。

那么，我们为什么还要了解宇宙？

为了看清楚自己，更好地活着。

至少，庄子是这样的。从黄河到北海，再到天地和宇宙，层层推进想要说明的只有一点，那就是人类的渺小。这也就是庄子的自知之明。

那么想想人类在宇宙中的位置吧，那可真是微不足道。跟宇宙的浩瀚无际相比，人类的纷争还有意义吗？很没意思吧？

当然，这并不是说，什么都不干了，而是不要斤斤计较，不要患得患失，不要相互攀比，不要一惊一乍。因为在道的面前，成败得失、贵贱荣辱都一文不值，根本就不必在意和纠结。

何况人类还不是最弱小的。看看那些鱼，还有蝴蝶，不都活得真实而自由吗？那就是宇宙之道的体现啊！所以，只要看清楚自己的位置，用心灵去感悟道，渺小的人类也可以活得大气。

怎样活得大气？

庄子的回答是：

独与天地精神往来。

这句话在《天下》篇，已经不是庄子本人的作品了，就连《秋水》也可能是他学生所写，但不妨碍我们将这看作庄子的思想来继承。

实际上，从开篇那扶摇直上九万里的鲲鹏，到纵论天下指点迷津的北海若，庄子的精神是贯穿始终的，这两个故事也都发生在一望无际、潮起潮落的海上。所以，我建议有条件的人都去看看海，那至少能让我们心胸变得开阔。

去的时候，请别忘记带上这本书。

免费学习

《易中天：剥夺孩子的童年，你将永远赔不起》

扫码关注 易中天官方公众号

回复 庄子

团购请回复 11

庄子故事

产品经理	朱　孟	责任编辑	陈　蕾
装帧设计	何月婷	媒介推广	付圣强
后期制作	白咏明	出版统筹	吴　畏
责任印制	梁拥军	策划人	路金波

图书在版编目（CIP）数据

庄子故事 / 易中天著；慕容引刀绘. — 上海：上海文艺出版社，2017
（易中天中华经典故事）
ISBN 978-7-5321-6458-5

Ⅰ．①庄… Ⅱ．①易… ②慕… Ⅲ．①道家 ②《庄子》—通俗读物
Ⅳ．① B223.5-49

中国版本图书馆 CIP 数据核字（2017）第 221192 号

出 品 人：陈　征
　　　　　路金波
责任编辑：陈　蕾
特约编辑：朱　孟
装帧设计：何月婷

书　　名：庄子故事
作　　者：易中天　慕容引刀
出　　版：上海世纪出版集团　上海文艺出版社
地　　址：上海市绍兴路 7 号　200020
发　　行：杭州果麦文化传媒有限公司
印　　刷：北京文昌阁彩色印刷有限责任公司
开　　本：880mm×1230mm　1/32
印　　张：5
插　　页：1
字　　数：74 千字
印　　次：2017 年 11 月第 1 版　2017 年 11 月第 1 次印刷
印　　数：1-75,000
ＩＳＢＮ：978-7-5321-6458-5 / G · 0179
定　　价：28.00 元

如发现印装质量问题，影响阅读，请联系021-64386496调换。